Persuasão 10x

Dominando a Arte de Convencer Online

 opyright

Uma breve introdução

Sabe aquela sensação quando você lê uma mensagem que simplesmente te pega de jeito e te faz querer agir imediatamente?

Pois é, isso é o poder da persuasão! Você vai aprender todas as técnicas e truques para despertar essa mesma reação nas pessoas com as suas palavras.

Não pense que isso é coisa de outro mundo, não. Nada disso! Vou te mostrar como usar as palavras certas, criar frases impactantes e estruturar suas mensagens de forma irresistível.

Queremos que você se conecte de verdade com seu público-alvo. É isso que vai fazer a diferença na hora de convencê-los a tomar uma atitude.

No coração dessa estratégia está o poder das técnicas de persuasão na escrita.

Influenciar ou ser Influenciado

A questão de querer influenciar ou ser influenciado é uma dicotomia que permeia as interações humanas desde tempos imemoriais.

Em um mundo cada vez mais conectado, essa escolha tornou-se mais evidente e relevante do que nunca. Em uma sociedade que valoriza a individualidade, a autenticidade e a capacidade de moldar seu próprio destino, a influência desempenha um papel central em nossas vidas, afetando nossas decisões, opiniões e comportamentos.

Quero te mostrar como explorar as complexidades da influência e do desejo de ser influenciado, considerando os diferentes aspectos dessa dinâmica nas esferas pessoal, social e digital. Vamos examinar as motivações por trás de ambos os lados da moeda, os benefícios e desvantagens de cada escolha e como isso se relaciona com a construção da identidade e o impacto na sociedade.

A Busca pelo Poder e Pela Mudança

Influenciar, na essência, envolve a capacidade de afetar as opiniões, decisões e ações de outras pessoas. Pode ser visto como um ato de liderança, onde alguém utiliza seu conhecimento, carisma e habilidades persuasivas para guiar os outros em direção a determinados objetivos ou ideais. Aqueles que desejam influenciar muitas vezes anseiam por poder e têm uma visão específica do mundo que desejam criar.

As motivações para querer influenciar podem variar amplamente. Alguns indivíduos buscam influência como uma forma de poder pessoal, procurando ganhar vantagem sobre os outros ou alcançar objetivos ambiciosos. Outros têm motivações mais altruístas, desejando usar sua influência para fazer mudanças positivas na sociedade, promovendo causas sociais ou ambientais.

Poder Pessoal: Para muitos, a influência é uma ferramenta para obter poder pessoal e alcançar seus objetivos. Isso pode incluir influenciar pessoas em cargos de autoridade, como líderes políticos ou executivos de empresas, a tomar decisões que beneficiem seus interesses. O desejo de influenciar pode ser motivado por ambição pessoal, ganância ou desejo de controle.

Mudança Social: Por outro lado, muitos indivíduos desejam influenciar para promover mudanças positivas na sociedade. Isso pode envolver advogar por causas como igualdade de gênero, justiça racial, preservação ambiental ou erradicação da pobreza. Aqueles que buscam influenciar por motivos altruístas muitas vezes desejam ver um mundo melhor e estão dispostos a usar sua influência para fazer a diferença.

Influenciar positivamente pode trazer uma série de benefícios tanto para o influenciador quanto para aqueles que estão sendo influenciados.

Realização de Objetivos: A capacidade de influenciar pode ajudar indivíduos a alcançar seus objetivos pessoais e profissionais. Pode ser uma ferramenta valiosa para avançar na carreira, garantir o sucesso nos negócios ou obter o apoio necessário para causas sociais importantes.

Mudança Positiva: A influência também pode ser usada para promover mudanças positivas na sociedade. Aqueles que têm a capacidade de influenciar podem ajudar a criar um mundo mais justo, igualitário e sustentável, fazendo a diferença em questões críticas.

Autoestima e Reconhecimento: Ser capaz de influenciar os outros muitas vezes leva a um aumento na autoestima e no reconhecimento social. As pessoas que têm sucesso em influenciar são frequentemente admiradas e respeitadas por sua habilidade de liderança.

Ser Influenciado: A Busca pela Identificação e Conexão

Por outro lado, ser influenciado implica em estar disposto a ouvir, aprender e ser moldado por outras pessoas, ideias ou tendências. Isso pode ser visto como uma demonstração de humildade e abertura para a mudança. Aqueles que optam por ser influenciados muitas vezes buscam identificação, pertencimento e orientação.

Motivações para Ser Influenciado

As razões para optar por ser influenciado podem ser igualmente diversas. Alguns indivíduos valorizam a perspectiva e a sabedoria de outros, buscando aprender e crescer por meio da influência de mentores, líderes ou figuras inspiradoras. Outros podem ser influenciados por pressão social ou pelo desejo de se encaixar em um determinado grupo ou cultura.

Aprendizado e Crescimento: Para muitos, ser influenciado é uma maneira eficaz de aprender e crescer. Ao absorver conhecimento e perspectivas de outras pessoas, é possível ampliar horizontes, adquirir novas habilidades e melhorar como indivíduo.

Identificação e Pertencimento: Ser influenciado também pode proporcionar um senso de identificação e pertencimento. Muitos buscam influência para se sentir conectados a um grupo, cultura ou comunidade específica. Isso pode ser especialmente relevante em um mundo onde a identidade e a aceitação desempenham um papel importante.

Optar por ser influenciado também pode trazer uma série de benefícios para a vida de um indivíduo.

Aprendizado Contínuo: Ao estar aberto à influência, você pode continuar aprendendo ao longo da vida, adquirindo novos conhecimentos e habilidades que podem ser aplicados em diversas áreas.

Conexão Social: Ser influenciado muitas vezes leva a uma maior conexão social. Ao se alinhar com ideias ou grupos influentes, você pode desenvolver relacionamentos significativos e encontrar um senso de pertencimento.

Flexibilidade e Adaptabilidade: A capacidade de ser influenciado também demonstra flexibilidade e adaptabilidade, características valiosas em um mundo em constante mudança. Aqueles que estão dispostos a se adaptar às novas ideias e perspectivas estão mais bem preparados para enfrentar desafios e se destacar.

Na sociedade moderna, a escolha entre influenciar ou ser influenciado nem sempre é clara ou estática. Em muitos casos, as pessoas alternam entre essas duas posições, dependendo do contexto e das circunstâncias. Além disso, a linha entre influência e ser influenciado muitas vezes se torna tênue, à medida que as interações sociais, culturais e digitais se entrelaçam.

Influência Digital e Redes Sociais

Um dos principais impulsionadores dessa complexidade é a ascensão das redes sociais e da influência digital. Plataformas como Facebook, Instagram, Twitter e YouTube deram a qualquer pessoa com acesso à internet a capacidade de influenciar e ser influenciado em uma escala global. Os influenciadores digitais, em particular, tornaram-se figuras de destaque, moldando as opiniões e comportamentos de milhões de seguidores.

Influência Digital: Aqueles que optam por ser influenciados muitas vezes o fazem ao seguir influenciadores digitais cujas vidas e opiniões podem servir como fonte de inspiração ou entretenimento. Os influenciadores digitais têm a capacidade de criar tendências, promover produtos e até mesmo afetar mudanças sociais.

Ser Influenciado Negativamente: No entanto, a influência digital também pode ter efeitos negativos, especialmente entre os mais jovens. A pressão para se adequar a padrões de beleza irreais, a busca por validação nas redes sociais e a exposição a discursos de ódio são exemplos de como a influência digital pode ser prejudicial.

Influenciar nas Redes Sociais: Por outro lado, muitos indivíduos usam plataformas de redes sociais para expressar suas opiniões, promover causas e construir comunidades online. Aqueles que buscam influenciar podem aproveitar essas plataformas para alcançar um público amplo e mobilizar apoio para suas causas.

Identidade e Autenticidade

Outro aspecto importante a ser considerado na escolha entre influenciar e ser influenciado é a construção da identidade e a busca pela autenticidade. Em um mundo onde a individualidade é valorizada, a pressão para ser autêntico enquanto ainda se encaixa em normas sociais e culturais pode ser desafiadora.

Construção da Identidade: Muitos indivíduos optam por ser influenciados na busca por modelos a serem seguidos na construção de sua identidade. Eles podem se inspirar em figuras públicas, líderes espirituais ou outros modelos de comportamento.

Desafio da Autenticidade: Por outro lado, a pressão para ser influente pode criar um desafio para a autenticidade. Alguns podem se sentir tentados a moldar suas identidades de acordo com as expectativas dos outros, em vez de permanecerem verdadeiros a si mesmos.

Responsabilidade Moral

A escolha entre influenciar e ser influenciado também está intrinsecamente ligada à responsabilidade moral. Aqueles que desejam influenciar têm a responsabilidade de usar sua influência de maneira ética e responsável, considerando o impacto de suas ações sobre os outros e a sociedade como um todo.

Responsabilidade do Influenciador: Os influenciadores têm o poder de moldar as opiniões e comportamentos de seus seguidores, e essa influência deve ser usada com responsabilidade. Promover informações falsas, incitar ódio ou explorar vulnerabilidades das pessoas são exemplos de comportamentos que podem ser prejudiciais.

Escolha Consciente: Aqueles que optam por ser influenciados também têm a responsabilidade de fazer escolhas conscientes sobre quem e o que seguem. Acreditar cegamente em informações ou seguir influenciadores prejudiciais sem questionamento pode ter consequências negativas.

A escolha entre influenciar ou ser influenciado é uma decisão que todos enfrentam em suas vidas, e muitas vezes, essa escolha não é definitiva. A sociedade moderna apresenta uma teia complexa de influências, desde interações pessoais até o mundo digital em constante evolução. Ambas as opções têm suas motivações, benefícios e desafios.

O importante é reconhecer a complexidade dessa dinâmica e fazer escolhas que contribuam para o crescimento pessoal, o bem-estar social e a construção de um mundo mais justo e igualitário.

Uma pergunta curiosa…

Você sabe qual é a habilidade mais valiosa do mundo?

Simples: a habilidade de vender.

Não apenas produtos e serviços, mas ideias, conceitos e crenças.

Talvez você saiba ou não, mas o poder caminha para aqueles que são persuasivos, e isso é uma verdade para todos os negócios em todos os países do mundo.

É importante que você tenha uma maneira de convencer as pessoas (seu chefe, colegas, clientes, investidores etc.) de que suas ideias (e seu trabalho) valem a pena.

Eu identifiquei alguns segredos fundamentais de venda ao longo dos anos – alguns truques do negócio. E isso é exatamente o que vou compartilhar com você agora – as bases por trás de cada grande peça de vendas.

Eu as chamo de AS TRÊS REGRAS FUNDAMENTAIS DE VENDA e elas são...

#1. As pessoas não gostam da ideia de que estão vendendo para elas.

#2. As pessoas compram coisas por motivos emocionais, e não racionais.

#3. Assim que estiverem compradas, as pessoas precisam desculpar suas decisões emocionais com lógica.

Vamos ver a **regra #1**: As pessoas não gostam que vendam para elas. A princípio, isso não faz sentido. Todos os anos, trilhões de dólares em bens e serviços são comprados e vendidos... bilhões só pelos Correios. Pense sobre seus amigos. Muitos deles, sem dúvida, adoram comprar.

As pessoas gostam de comprar coisas, mas não gostam que vendam para elas. Lembre-se disso. Seja se você estiver escrevendo uma carta de vendas ou tentando convencer seu amigo a ir a um concerto, não coloque pressão. Ofereça dar algo. Não force, tente.

Digamos que você queira fazer seu amigo comprar um pedaço de bolo de chocolate. Você não começaria listando os 10 motivos pelos quais bolo é bom para ele, certo? É claro que não.

Na vida real, se você realmente quisesse fazer um amigo comprar um pedaço de bolo, você provavelmente começaria descrevendo o cheiro bom do bolo, quão molhadinho ele é, quanta cobertura tem e como derreterá na boca.

Em outras palavras, você criaria uma imagem verbal que provoca seus desejos – sua fome, seu desejo por chocolate. Você o tentaria ao apelar para suas emoções. Você não o entediaria com motivos ou o forçaria.

Entenda esse primeiro princípio e você terá as pessoas comendo na sua mão.

Regra #2 Bata onde dói: As pessoas compram coisas por motivos emocionais, e não racionais.

Se as pessoas agissem racionalmente, você não poderia vender bolo de chocolate. Não há motivo lógico para comê-lo. Não é nutritivo. Engorda. Acaba com o metabolismo. E é caro.

Então por que bolo de chocolate é uma indústria multimilionária? Porque faz você se sentir bem!

Para ser persuasivo, você precisa se concentrar nos sentimentos e desejos de seu cliente em potencial.

Veja sete importantes: medo, ganância, vaidade, luxúria, orgulho, inveja e preguiça.

Regra #3: Assim que o cliente em potencial já comprou emocionalmente, ele precisa justificar sua decisão irracional com motivos racionais.

Agora, você está pronto para entender o que é copywriting.

Copywriting

Não há como falar de persuasão na era digital sem citar o famoso Copywriting (ou copy). Esse é um dos elementos mais essenciais do marketing.

É a arte e a ciência de entregar palavras estrategicamente (sejam escritas ou faladas) que faz as pessoas realizarem alguma ação.

Nada mais persuasivo que alguém que saiba usar as palavras. Se bem usadas, elas são capazes de fazer alguém tomar uma decisão instantânea. Isso é o verdadeiro Copywriting!

Como surgiu o copywriting

Se você acha que o Copywriting surgiu nos dias atuais, você está enganado. A primeira vez que a palavra "copy" foi utilizada foi no século XIX, no ano de 1828.

Noah Webster, um dicionarista americano, definiu a copy como "uma criação autoral a ser imitada, tanto na escrita quanto na impressão".

Mas a definição caiu em desuso durante anos e só ressurgiu em 1870, quando passou a descrever profissionais que escreviam anúncios, se diferenciando de redatores tradicionais.

Durante o século XIX e todo o século XX, a escrita persuasiva dos Copywriters era utilizada, principalmente, em redações publicitárias.

O avanço da internet e o crescimento do Marketing Digital fez com que o Copywriting adotasse uma identidade particular, reformulada e distante da publicidade.

A confusão que fizeram com a publicidade

Me diga uma coisa, o que é publicidade para você?

É algo a ser considerado como trabalho ou como uma obra de arte?

São slogans inteligentes ou prosa divertida?

É obra para ser julgada para um prêmio ou reconhecimento?

Já adianto, não é nenhuma das opções acima.

A publicidade é um vendedor multiplicado.

Nada mais.

E publicidade escrita, ou copywriting, é uma arte de vender seja no papel ou no digital.

O propósito do trabalho de um copywriter é vender. Ponto Final.

A venda é realizada persuadindo com a palavra escrita, da mesma forma que um comercial de televisão vende (*se feito corretamente é claro*), persuadindo com efeitos visuais e de áudio.

Assim como Claude Hopkins escreveu em seu clássico atemporal, Publicidade Científica:

"Para compreender corretamente a publicidade ou até mesmo para aprender os seus rudimentos deve-se começar com a percepção correta.

A publicidade é a arte de vender. Os seus princípios são os princípios da arte de vender. Os sucessos e fracassos em ambas as linhas são devidos a causas parecidas.

Assim, cada questão publicitária deve ser respondida pelos padrões do vendedor.

Vamos enfatizar esse ponto. A única finalidade da publicidade é fazer vendas.

Não é para dar uma impressão geral. Não é para colocar o seu nome diante das pessoas. Não é feito principalmente para ajudar vendedores. Trate-a como um vendedor. Ela se justifica por si mesma.

Compare-a com os outros vendedores.

Registe os seus custos e os resultados.

Não aceite quaisquer desculpas porque os bons vendedores não as arranjam. E assim você não vai estar muito errado.

A publicidade é um vendedor multiplicado. Pode apelar a milhares enquanto um vendedor fala somente com uma pessoa. Trata-se de um custo correspondente.

Algumas pessoas gastam em média 10 dólares por palavra num anúncio. Por isso, todos os anúncios devem ser um super vendedor.

Um erro de um vendedor pode custar pouco. Um erro num anunciante pode custar mil vezes mais. Portanto, seja mais cauteloso e mais exigente. Um vendedor medíocre pode afetar uma pequena parte do seu negócio. A publicidade medíocre afeta todo o seu negócio.

Estes pontos são tão verdadeiros hoje como eram quando foram escritos há quase cem anos atrás!

Assim, o objetivo torna-se: como podemos fazer a nossa publicidade o mais eficaz possível.

A resposta é testar. Teste novamente. E depois testar um pouco mais.

Se o anúncio "A" recebe uma taxa de resposta de dois por cento, e o anúncio "B" recebe três por cento, então podemos deduzir que o anúncio "B" vai continuar a superar o anúncio "A".

Mas, testar leva tempo, e pode ser caro se não for mantido sob controle. Portanto, é ideal começar com alguns anúncios comprovados, ideias testadas e conhecidas e trabalhar a partir daí.

Por exemplo, se os testes têm demonstrado ao longo de décadas ou mais que uma publicidade direcionada supera significativamente a publicidade não direcionada, então podemos começar com essa suposição e trabalhar a partir daqui.

Se sabemos com base em resultados de testes que fazer um anúncio que fala diretamente a um indivíduo funciona melhor do que enfrentar as massas, então faz pouco sentido começar a testar com a suposição de que isso não acontece.

Este é o senso comum.

Então é lógico conhecer algumas regras básicas ou técnicas sobre escrita eficiente. Os resultados de testes serão sempre o trunfo total, mas é melhor ter um ponto de partida antes de testar.

Portanto, este ponto de partida é a essência deste livro. As dicas, aqui expressas, têm sido geralmente testadas ao longo do tempo e conhecidas por serem eficazes.

Mas eu não posso deixar de enfatizar o suficiente que, ao usar estas técnicas, você deve sempre testá-las antes de lançar uma campanha cara de grande porte.

Às vezes, uma pequena alteração aqui ou ali é tudo o que é necessário para aumentar as taxas de resposta de forma dramática.

E com isso, vamos passar em diante ....

Concentre-se Neles,

E Não Em Você

Quando um prospecto lê o seu anúncio, post, carta, etc, a única coisa que ele vai estar se perguntando desde o início é: "o que que eu ganho com isto?"

E se o seu texto não lhe diz nada, ele vai parar ao lixo mais rápido do que ele possa ler o título.

Muitos anunciantes cometem este erro. Eles focam-se neles como uma empresa.

Há quanto tempo eles estão abertos, quais são os seus maiores clientes, que já tem dez anos de pesquisa e milhões de dólares no desenvolvimento do produto, blá, blá.

Na verdade, esses pontos são importantes.

Mas devem ser expressos de uma forma que interesse ao seu cliente potencial. Lembre-se, uma vez que o anúncio seja jogado no lixo, a venda está perdida!

Ao escrever os seus textos, ajuda pensar neles como uma carta escrita a um velho amigo. Na verdade, eu muitas vezes imagino um amigo meu que se encaixa melhor no perfil dos meus prospectos. O que eu diria para convencer o meu amigo de forma a que ele experimente o meu produto?

Como posso segmentar as objeções do meu amigo e as suas crenças para me ajudar?

Quando você está escrevendo para um amigo, você vai usar os pronomes "eu" e "você". Ao tentar convencer o seu amigo, você poderia dizer: "Olha, eu sei que você acha que já tentou todos os aparelhos por aí fora. Mas você deve saber que ... "

E isso vai além de apenas escrever na segunda pessoa. Ou seja, trate os seus prospectos como "você" nos seus textos. O fato é que há muitos anúncios de sucesso que não foram escritos na segunda pessoa.

Alguns são escritos na perspectiva da primeira pessoa, onde o escritor usa "eu". Outras vezes, a terceira pessoa é usada, como "ela", "ele" e "eles".

E mesmo se você escrever na segunda pessoa, não significa necessariamente que a sua copy é sobre eles.

Por exemplo:

"Sendo um agente imobiliário, você pode-se consolar com o fato de que eu vendi mais de 10.000 casas e dominei os truques do negócio."

Embora você esteja escrevendo na segunda pessoa, você está ainda assim focando-se em si mesmo.

Então como você pode ter o foco neles?

Ainda bem que você perguntou.

Uma das formas é ...

Estágios da Consciência do Consumidor

O nível de conscientização aqui significa basicamente se o cliente em potencial está ciente do seu produto ou se está ciente de que existe uma solução para o problema dele.

Saber exatamente onde ele está determinará o tipo de conteúdo que você escreve.

Descobrir isso pode aumentar as conversões 2X ou mais.

O lendário copywriter Gene Schwartz deu a seguinte regra:

Se o cliente em potencial já conhece o produto e sabe que ele pode ajudá-lo, o título deve começar com o produto.

Se seu avatar não conhece o seu produto, mas tem um desejo, você lidera com esse desejo.

Finalmente, se o cliente em potencial não sabe realmente o que ele precisa, mas apenas tem um problema geral, você começa com o problema e escreve a copy para fazer com que o possível cliente perceba que precisa da sua solução.

Essas são as noções básicas. Gene estabeleceu 5 níveis de conscientização do cliente que explicam esse conceito com mais detalhes, e é nisso que vou entrar agora.

Então, seus 5 níveis de conhecimento do cliente são:

Nível 1 - é o cliente mais atento – essa pessoa sabe o que quer, confia em você e, quando você oferece algo novo, há uma boa chance de que ela compre. Esses clientes são o que todo profissional de marketing quer. Por exemplo, pense em marcas que têm seguidores como a Nike e a Apple. O consumidor conhece a marca e deseja o produto, não existe nenhum tipo de esforço na hora da venda.

Nível 2 - consciente do produto. Essas pessoas não confiam em você ainda – elas sabem que você está vendendo algo que elas querem, mas não têm certeza se é certo para elas. Como eles ainda não confiam em você, eles leem avaliações, examinam depoimentos e tentam determinar se seu produto pode fazer o que você diz. Com perspectivas como essas, o objetivo da sua copy deve ser tranquilizá-las imediatamente. Estas duas primeiras categorias, a propósito, são as mais fáceis de fazer vendas. À medida que seu avatar se torna menos consciente, você tem um trabalho mais difícil à sua frente.

Tudo bem, o próximo nível de conscientização do cliente é a conscientização da solução.

Nível 3 - Essas são pessoas que têm um problema, sabem que existe uma solução para isso, mas não conhecem seu produto e os resultados que podem obter com ele. Com clientes em potencial como esses, você quer que eles saibam que você entende seus desejos e que seu produto os ajudará a chegar lá.

À medida que nos movemos mais para a conscientização, começamos a chegar àqueles clientes em potencial que podem realmente ajudar sua empresa a crescer. Assim, o próximo tipo de conscientização do cliente é consciente do problema.

Nível 4 - Este é alguém que está preocupado – ele sente que ele tem um problema, mas ele não sabe que há uma solução para isso. Com esse tipo de cliente, você quer que seu lead lhes mostre que você entende sua frustração e ansiedade. Finalmente, há o cliente completamente inconsciente.

Nível 5 - Essas pessoas são difíceis de conseguir vender para elas. Elas não percebem que têm um problema, não conhecem nada da sua marca e nem sequer sabem que existe uma solução para o que estão experimentando. Com esse tipo de pessoa, você terá que apresentar uma oferta poderosa e extremamente irresistível. Você precisa apresentar sua oferta como se fosse um desenho, onde as pessoas consigam ver todos os detalhes, até mesmo enxergar as cores, cheiro, gosto e textura daquilo que você está oferecendo.

Compreender e adaptar-se aos diferentes níveis de consciência do consumidor é fundamental para construir uma estratégia de marketing eficaz.

Ao ajustar sua mensagem, abordagem e táticas de acordo com o estágio em que o consumidor se encontra, você pode aumentar as chances de engajamento, conversão e fidelização.

Ao levar em consideração os 5 níveis de consciência do consumidor, você estará mais bem preparado para atender às necessidades do seu público-alvo, estabelecer uma conexão significativa e construir relacionamentos duradouros.

Aprofunde seu conhecimento sobre o comportamento do consumidor, pesquise e teste suas estratégias e esteja sempre disposto a se adaptar às mudanças e demandas do mercado. Dessa forma você estará no caminho certo para obter sucesso em suas iniciativas de marketing e vendas.

Além disso, lembre-se de que os consumidores podem transitar entre os diferentes níveis de consciência ao longo do tempo.

Eles podem iniciar no nível de inconsciência e, por meio de informações e interações, progredir para os estágios seguintes.

Portanto, é essencial acompanhar de perto o comportamento do seu público-alvo, para que você possa ajustar sua estratégia conforme necessário.

Outro ponto importante a ser considerado é a importância de uma comunicação clara e consistente em cada estágio de consciência.

Seja por meio de conteúdo educativo, storytelling, depoimentos ou demonstrações de produtos, é essencial transmitir sua mensagem de forma eficaz e relevante.

Ao fazer isso, você estará nutrindo a confiança do consumidor e criando uma conexão emocional com sua marca.

Como realçar os benefícios

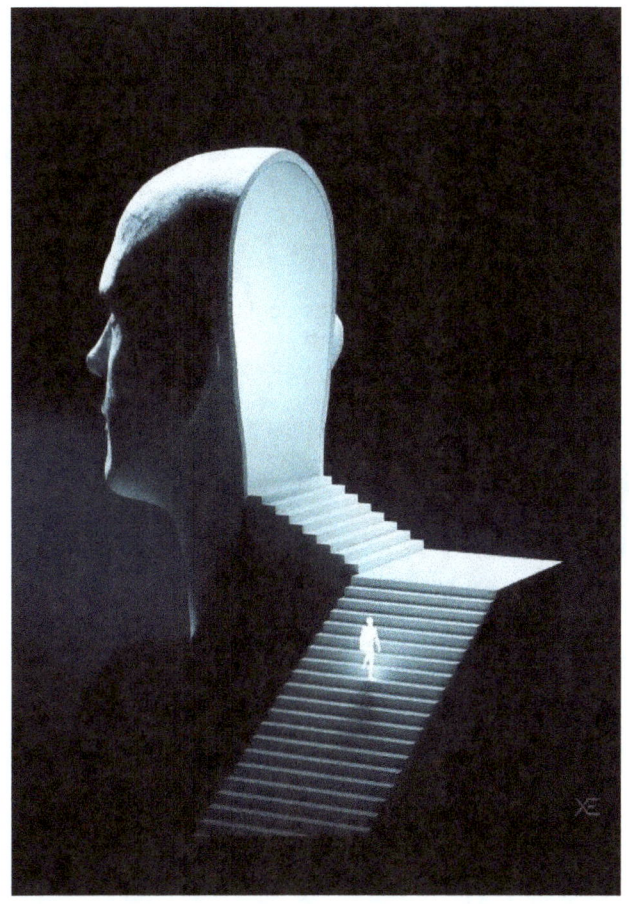

E o que são as características?

Elas são descrições das qualidades que um produto possui.

• O carro XYZ faz 55 quilômetros por litro na cidade

• Quadro é feito de um aço leve e durável.

• A nossa cola é protegida por uma patente.

• Esta base de dados tem um sistema interno de busca de dados.

Mas quais são os benefícios?

Bem, eles são o que significam os resultados para os seus clientes potenciais.

• Você vai economizar dinheiro no gás e reduzir os poluentes ambientais quando você usa o nosso carro híbrido de energia econômica de alto desempenho. Além disso, você vai sentir a potência extra quando você estiver a passar pelos outros carros, é a cortesia do motor elétrico eficiente, que eles não têm!

• Estrutura de aço leve de liga-durável significa que você será capaz de levá-lo com facilidade, e usá-lo em lugares que outras escadas não conseguem ir, ao mesmo tempo suporta até 800 quilos. Sem dores nas costas ao arrastar uma escada pesada. E como vai durar 150 anos, assim você nunca mais vai precisar de comprar uma outra escada!

• Cola patenteada garante que você pode usá-la em madeira, plástico, cerâmica, metal, vidro e azulejo ... sem limpezas difíceis e sem ter que colar novamente - garantido!

• Você pode ter instantaneamente a "visão geral" escondida nos seus dados, e tirar as estatísticas mais arcanas sempre que desejar.

Veja o seu negócio dar"180" rapidamente, por você instantaneamente saber o que está a falhar!

É tudo feito com a nossa pesquisa de dados do sistema que é tão fácil de usar, o meu filho de doze anos de idade, filho usou-a com sucesso logo que a começou a usar.

Eu criei estes exemplos, mas acho que você entende o que eu quero dizer.

NOTA: você não está escrevendo para impressionar o seu professor de Português ou ganhar um prêmio.

O único prêmio que você quer ganhar é que o seu texto venda e bata o seu melhor anúncio anterior, e ao mesmo tempo a ter alguma liberdade na gramática, pontuação e estrutura das frases. Você quer que seja lido e que as pessoas ajam, não lido e admirado!

Mas voltando aos benefícios ...

Se você estivesse vendendo um relógio caro, você não iria dizer ao seu leitor que a tampa do relógio é de 5 centímetros de diâmetro e a pulseira é feita de couro.

Você deve mostrar-lhe como o visor extra-grande vai lhe dizer o tempo num piscar de olhos. Ahhh pois!

Ele não quer ter que andar procurando as horas no relógio e parecer tolo em frente a todos à sua volta tentando ler este relógio magnífico.

E que tal a forma como ele projeta sucesso e carisma quando ele usa o relógio de ouro com a sua bela pulseira de couro de artesanato personalizada?

Como o seu amor o vai achar irresistível quando ele está todo arrumado para sair, usando o relógio. Ou como o status e beleza do relógio irão atrair as senhoras.

Aliás, você notou que eu realcei que ver bem é um benefício?

Será que isso parece um benefício bobo?

Não, se você está vendendo aos baby boomers que sofrem de visão degradada.

Eles provavelmente odeiam quando alguém que eles estão tentando impressionar os vê a cerrar os olhos a tentar ler alguma coisa.

Tem tudo a ver com os seus desejos internos, é o que você precisa descobrir. E que mesmo eles podem nem mesmo saber.

Isso é...até você lhes mostrar uma maneira melhor.

O ponto aqui é abordar os benefícios do produto, não às suas características. E quando você faz isso, você está se concentrando no seu leitor e nos seus interesses, nos seus desejos.

O truque é o de destacar os benefícios específicos que pressionam os botões emocionais do seu leitor.

Como é que você faz isso?

Vou mostrar!

A Big Ideia e a Regra do Um

Sempre que o assunto é copywriting, surge à tona o conceito da "Grande Ideia". David Ogilvy fala sobre ele e vários outros autores, como Michael Masterson e John Forde, autores do livro Great Leads, também.

O conceito é bastante simples, mas bastante gente erra feio.

Basicamente, a Grande Ideia, ou Regra do Um (Rule of One), propõe que o seu texto se concentre em apenas uma ação, uma promessa, uma ideia que deve ser objetiva e sem "acessórios".

Vou colocar alguns exemplos aqui para você comparar e perceber a diferença da Grande Ideia.

Exemplos sem a Grande Ideia:

Listas (161 Novas Formas de Conquistar o Coração de um Homem...);

Plurais genéricos (Os Crimes que Cometemos Contra nossos Estômagos)

Exemplos com a Grande Ideia:

Específico (O Segredo para Fazer com que as Pessoas Gostem de Você);

Direcionado (Aos Homens que Querem Pedir Demissão um Dia);

Impacto (A Vida de Uma Criança Vale $1 para Você?).

Apesar de serem exemplos um tanto apelativos (extraídos do livro Great Leads), fica clara a diferença da Grande Ideia nestes títulos, não é?

Você consegue dizer qual é o ponto focal dos dois primeiros exemplos? É difícil afirmar, uma vez que eles estão bastante abrangentes e sem foco.

Contudo, os exemplos que utilizam a estrutura da Grande Ideia estão muito mais focados.

Por isso, podemos afirmar com segurança sobre o assunto que eles introduzem, ainda que não tenhamos nenhum conhecimento sobre o produto ao qual eles estão atrelados.

Portanto, tenha muito claro qual é a sua Grande Ideia. Para fazer isso, você deve trabalhar com a seguinte estrutura:

Uma boa ideia: mostre os benefícios ou vantagens do produto/solução que você está vendendo;

Uma emoção central: crie uma conexão com o leitor, provocando engajamento a partir do reforço emocional para que o racional continue progredindo no texto;

Uma história cativante: reforça a emoção central. Muitas veze é um caso, um episódio ou então traz dados e números que comprovam a sua oferta (produto/serviço);

Um único e desejável benefício: consolida a vantagem (benefício) que o seu produto ou serviço oferece ao leitor;

Uma resposta inevitável: aponte o caminho que deve ser seguido para que o seu leitor chegue ao benefício sobre o qual você está falando.

Isso tudo serve para que possamos dar suporte ao título a partir de uma introdução (chamada, neste contexto, de lead) que deve usar a técnica correta, dependendo do nível de consciência do leitor.

Esta técnica pode ser uma história, uma previsão, uma declaração, uma promessa etc).

Independente de qual você irá utilizar, é importante que a sua única Grande Ideia seja apoiada por uma emoção igualmente única, para assim direcionar o leitor para a ação desejada.

Pressionando Botões Emocionais

Aqui é onde a pesquisa realmente compensa. Porque, para carregar nos botões, você precisa saber primeiro quais são.

Veja esta história, e vai entender o que eu lhe quero dizer: era uma vez um jovem que entrou numa determinada concessionária da Chevrolet para ver um Chevy Camaro.

Ele tinha dinheiro, e estava pronto para tomar uma decisão de compra. Mas ele não conseguia decidir se queria comprar o Camaro ou o Ford Mustang quando ia a caminho do concessionário Ford.

Um vendedor se aproximou dele e descobriu logo o dilema do homem.

"Diga-me o que você mais gosta no Camaro", disse o vendedor.

"É um carro rápido. Eu gosto da sua velocidade. "

Depois de alguma discussão, o vendedor soube que o homem tinha começado a namorar uma líder da torcida da faculdade.

Então, o que é que o vendedor fez?

Simples. Ele mudou o seu discurso e dessa forma carregar nos botões emocionais, porque ele sabia que iria ajudar a promover a venda.

Ele disse ao homem que a sua nova namorada iria ficar impressionada quando ele chegasse a casa com este carro!

Ele colocou a imagem mental na mente do homem que ele e a sua namorada estavam viajando para a praia no Camaro.

E como todos os seus amigos ficariam com inveja quando o virem andando por aí com uma bela garota num carro bonito.

E de repente o homem teve a visão. Ele entendeu. E o vendedor viu isso e trabalhou nesse ponto. E antes que você dê por isso, o homem escreve um belo cheque à concessionária Chevrolet!

O vendedor encontrou os botões emocionais e carregou neles como nunca antes até que o homem tenha percebido que ele queria mais o Camaro do que ele queria o seu dinheiro.

Eu sei o que você está pensando ... o homem disse que gostava do carro, porque ele era rápido, não foi?
Sim era isso. Mas subconscientemente, o que ele realmente desejava era um carro que iria impressionar a sua namorada, os seus amigos, e na sua mente fazerem com que eles gostem ainda mais dele! Na sua mente, ele equipara a velocidade com emoção.

Não porque ele queria uma quantidade infinita de multas de alta velocidade, mas porque ele pensava que a emoção seria torná-lo mais atraente, e mais agradável.

Talvez o homem nem sequer tenha percebido este fato. Mas o vendedor percebeu. E ele sabia quais os botões emocionais que tinha que pressionar para obter a venda.

Agora, porque a pesquisa compensa?

Bem, um bom vendedor sabe como fazer as perguntas que lhe dirão quais botões carregar rapidamente. Quando você está escrevendo textos de vendas, você não tem esse luxo. Portanto, por isso mesmo, é muito importante conhecer antecipadamente os quereres, as necessidades e desejos dos seus clientes.

Se você não tiver feito o seu trabalho de casa, o seu prospecto vai decidir que prefere manter o seu dinheiro consigo do que comprar o seu produto.

Lembre-se, copywriting é o vendedor em papel ou digital!

Tem sido dito muitas vezes: As pessoas não gostam de ser vendidas.

Mas elas gostam de comprar.

E compram antes de mais nada baseadas na emoção.

Em seguida, elas justificam a sua decisão com a lógica, mesmo depois que elas já tenham sido vendidas emocionalmente. Por isso não se esqueça de suportar o seu discurso emocional com a lógica para nutrir a justificação no final.

E enquanto estamos neste assunto, falemos um pouco sobre os exageros nas páginas de vendas. Muitos marketeiros "conservadores" decidiram que eles não gostam de exageros, porque consideram os exageros um "estilo antigo", já o fizeram, e acham que os clientes não vão cair nisso, já não é credível.

O que eles devem entender é que não são os exageros em si que não vendem bem.

Alguns redatores menos experientes muitas vezes tentam compensar sua falta de investigação ou de não entender completamente o seu mercado-alvo ou o seu próprio produto, adicionando toneladas de adjetivos, advérbios e pontos de exclamação e muitos negrito.

Realmente! Se você fizer o seu trabalho, isso não é necessário.

Isso não quer dizer que alguns advérbios ou adjetivos não tenham o seu lugar ... só se forem usados com moderação, e somente se eles avançam para a venda.

Eu acho que você concorda que se suportar os seus textos com provas e credibilidade irá muito mais longe em convencer os seus clientes potenciais do que usando "palavras de poder" por si só.

Digo palavras de poder, porque há certos adjetivos e advérbios que têm sido provados em fazer a diferença quando são incluídos.

Isto por si só não é exagero. Mas repetidos muitas vezes, tornam-se menos eficazes.

O que nos leva à nossa próxima dica...

Sempre haverá objeções

As objeções são barreiras psicológicas que surgem na mente dos consumidores, gerando resistência em relação às ofertas apresentadas.

Compreender as objeções e ser capaz de superá-las é essencial para aumentar a taxa de conversão e impulsionar o sucesso das campanhas de marketing.

A Natureza das Objeções

É importante reconhecer que as objeções são uma resposta natural de defesa por parte dos consumidores. Em um mercado cada vez mais saturado e com um grande volume de informações, os consumidores estão cada vez mais cautelosos em relação às suas decisões de compra.

A aquisição de um produto ou serviço é vista como um investimento, e é natural que as pessoas tenham dúvidas e preocupações antes de se comprometerem.

Identificando as Objeções

Para contornar as objeções, é essencial identificá-las de forma clara e precisa.

Ao analisar as interações com seu público-alvo, seja por meio de pesquisas, feedbacks ou análise de dados, é possível identificar as principais preocupações e resistências que os consumidores apresentam em relação às suas ofertas. Isso permite que você compreenda o motivo subjacente por trás dessas objeções e encontre maneiras eficazes de superá-las.

Abordando as Objeções

Ao abordar as objeções, é crucial transmitir confiança e oferecer informações relevantes que dissipem as preocupações do público.

A quebra de objeção envolve fornecer argumentos sólidos e persuasivos que demonstrem o valor e os benefícios da sua oferta, ao mesmo tempo em que respeita as preocupações legítimas dos consumidores.

Uma estratégia eficaz para superar objeções é antecipá-las. Ao desenvolver seu conteúdo de marketing, seja em anúncios, emails ou páginas de vendas, você pode antecipar as objeções mais comuns e abordá-las proativamente. Isso envolve fornecer informações que combatam as preocupações antes mesmo que elas surjam na mente dos consumidores.

Ao responder às objeções, é importante utilizar uma abordagem empática e personalizada.

Mostre que você entende as preocupações do seu público-alvo e forneça informações claras e relevantes que as dissipem.

Utilize exemplos reais, depoimentos de clientes satisfeitos e estudos de caso para demonstrar como sua oferta supera as objeções e atende às necessidades dos consumidores.

Outra estratégia eficaz é a oferta de garantias e benefícios extras que reduzam o risco percebido pelo consumidor.

Oferecer uma garantia de satisfação, um período de teste gratuito ou um bônus exclusivo pode ajudar a tranquilizar os consumidores e incentivá-los a superar suas objeções e tomar a ação desejada.

Além disso, a criação de um senso de urgência também pode ser eficaz na quebra de objeções. Ao oferecer promoções por tempo limitado ou destacar a disponibilidade limitada do produto ou serviço, você cria um senso de urgência que motiva os consumidores a agir. Essa sensação de escassez pode ser um fator determinante na superação das objeções, pois os consumidores temem perder a oportunidade caso não ajam imediatamente.

É fundamental destacar os diferenciais competitivos do seu produto ou serviço ao abordar as objeções. Mostre como ele se destaca da concorrência e oferece soluções únicas para os problemas e necessidades do seu público-alvo. Ao ressaltar os pontos fortes da sua oferta, você está fornecendo motivos claros para que os consumidores superem suas objeções e escolham sua marca.

A transparência é fundamental na quebra de objeção. Seja honesto sobre as limitações ou desafios da sua oferta, mas também destaque os benefícios e soluções que ela proporciona. A honestidade gera confiança e credibilidade, elementos-chave para superar as objeções dos consumidores.

É importante ressaltar que a quebra de objeção não se trata de manipulação ou persuasão agressiva. O objetivo é fornecer informações relevantes, esclarecer dúvidas legítimas e ajudar os consumidores a tomar decisões informadas. O foco deve estar em construir relacionamentos de longo prazo e proporcionar valor aos clientes, em vez de apenas buscar uma venda rápida.

Ao identificar as objeções mais comuns, antecipá-las e abordá-las de maneira empática e persuasiva, você estará no caminho certo para conquistar a confiança do seu público-alvo e motivá-los a agir.

Por fim, esteja sempre disposto a ouvir o feedback dos consumidores e adaptar suas estratégias de acordo com suas necessidades e preocupações. Aperfeiçoar constantemente suas técnicas de quebra de objeção ajudará você a se destacar no mercado, conquistar a confiança dos consumidores e alcançar resultados positivos e duradouros.

Incorporando Prova e Credibilidade

Quando o seu prospecto lê o seu anúncio, você quer ter certeza que ele acredita em todas as reivindicações que você faz sobre o seu produto ou serviço. Porque se há alguma dúvida na sua mente, ele não vai morder, não importa o quão doce é o negócio.

De fato, a mentalidade "bom demais para ser verdade" praticamente irá garantir ter uma venda perdida ... mesmo que seja tudo verdade.

Então o que você pode fazer para aumentar a percepção da credibilidade?

Porque afinal de contas, é a percepção que você precisa resolver.

Mas é claro que você também deve se certificar que o seu texto é preciso e verdadeiro.

Aqui estão alguns métodos testados e comprovados que irão ajudar:

• Se você está lidando com os seus clientes existentes que já sabem que você entrega o prometido, enfatiza essa confiança. Não deixe que sejam eles a descobrir isso. Faça-os parar, dizerem que sim com as suas cabeças, e dizer: "Sim. A Empresa ABC nunca me fez mal antes. Eu posso confiar neles."

• Incluir depoimentos de clientes satisfeitos. Não se esqueça de colocar os nomes completo e local, sempre que possível. Lembre-se, "José" é muito menos convincente do que "Armando Soares, Rio De Janeiro, Brasil." Você também pode incluir uma foto do cliente e / ou um título profissional, que é ainda melhor.

Não importa se os seus depoimentos não são de alguém famoso ou que o seu prospecto não conhece essas pessoas pessoalmente.

Se você tem depoimentos suficientemente convincentes, e eles são credíveis, você está a fazer um trabalho muito melhor do que se os não incluir.

• Apimente os seus textos com fatos e resultados de pesquisas para apoiar as suas reivindicações. Certifique-se de todas as fontes de informação, mesmo se o fato é de conhecimento comum, pois uma fonte neutra não dá muita credibilidade.

• Nas cartas de oferta direta ou em certos anúncios onde os textos estão na forma de uma carta de um indivíduo específico, ajuda incluir uma foto dessa pessoa.

Mas ao contrário das "tradicionais" cartas da indústria imobiliária e outros anúncios semelhantes, eu colocaria a foto no final da carta, perto da sua assinatura, ou no meio da cópia,

em vez de colocar na parte superior porque vai desvirtuar o

seu título.

E ... se a sua carta de vendas é de um indivíduo específico,

não se esqueça de incluir as suas credenciais ao estabelecê-lo

como um perito no seu campo (relacionadas ao seu produto ou

serviço, é claro).

• Se aplicável, citar nenhum prêmio ou análises de terceiros

que o produto ou o serviço de terceiros tenha recebido.

• Se você vendeu um monte de produtos, diga-lhes. É o velho

ditado "10 milhões de pessoas não podem estar erradas"

(esses 10 milhões até podem estar errados, mas o seu

prospecto provavelmente vai ficar do seu lado neste assunto).

• Inclua uma política de retorno e deixe isso claro! É somente

uma boa política de negócios. Muitas vezes, oferecer uma

garantia de reembolso a dobrar para determinados produtos resultará em maiores lucros.

Sim, você vai ter mais reembolsos, mas se você vender três vezes mais produtos do que anteriormente, e só tiver que restituir o dobro anteriormente, pode valer a pena, dependendo da sua oferta e do retorno sobre o investimento.

Triture os números e veja o que faz sentido. Mais importante, teste! Fazê-los pensar: "Puxa, não seriam tão generosos com as devoluções se não for mesmo o que eles estão a prometer sobre o seu produto!".

• Se você conseguir adicionar um endosso de celebridades, isso ajuda a estabelecer credibilidade. Puxa, se o Pelé recomendar o seu produto e suportar o que você promete, deve ser verdade!.

• Quando fizer sentido, use testimonials de terceiros. O que são testemunhos de terceiros? Aqui estão alguns exemplos de alguns sites que eu escrevi quando eu não tinha ainda muitos depoimentos de clientes.

"Spyware, sem quaisquer dúvidas, teve um aumento exponencial nos últimos seis meses."
- Alfred Huger, diretor de Engenharia, Symantec Security Response (fabricante do software de segurança da Norton)

"Basta clicar num banner e pode instalar spyware."
- Dave Methvin, Diretor de Tecnologia, PC Pitstop

Um método de implantação é "enganar os usuários em consentir um software de download que eles pensam que absolutamente necessário"
- Paul Bryan, diretor de Segurança e Unidade de Tecnologia, Microsoft.

Você viu o que eu fiz?

Usei citações de especialistas nas suas respectivas áreas e transformei-os para os meus objetivos.

Mas tenha certeza de obter o seu consentimento ou permissão do detentor dos direitos de autor, se houver alguma necessidade de usar materiais com direitos autorais pergunte sobre a sua fonte.

Note que eu também pressionei um botão emocional: o medo. Está provado que as pessoas geralmente fazem mais para evitar a dor do que para obter prazer.

Então porque não usar esse pedacinho de informação para obter vantagem?

• Revele uma falha no seu produto. Isso ajuda a aliviar a síndrome "bom demais para ser verdade".

Revele uma falha que não é realmente uma falha. Ou revele uma falha que é menor, apenas para mostrar que você está sendo aberto, sobre as deficiências do seu produto.

exemplo:

"Você provavelmente está a pensar agora que está raquete de tênis é um milagre - e é. Mas devo dizer-lhe que ele tem um pequeno defeito.

A minha raquete leva cerca de 2 semanas para você se acostumar.

Na verdade, quando você começa a usá-la, o seu jogo vai realmente piorar. Mas se você continuar a usá-la, você verá uma melhoria tremenda nos seus saques, no jogo de rede, e assim por diante.

Há uma tendência para pensar, com todos os anúncios com que somos bombardeados nos dias de hoje, que cada anunciante está sempre mostrando somente o que é melhor. E eu acho que essa linha de raciocínio é aberta.

Mas não é refrescante quando alguém se destaca da multidão e é honesta? Em outras palavras, o leitor vai começar a acreditar subconscientemente que você está revelando todas as falhas.

• Use "notas de elogio" Estas breves notas são de uma pessoa com autoridade. Não necessariamente de uma celebridade, apesar de que pode adicionar também credibilidade.

Uma pessoa de autoridade é alguém reconhecida no seu campo (que está relacionada com o seu produto) e que está qualificada para falar. As notas elogiadas podem ser distribuídas como inserções, numa página separada, ou mesmo como parte do texto. Como sempre, teste!

• Se você estiver limitando a oferta com um prazo em que termina numa determinada data, certifique-se que o prazo é real e não muda. Os prazos que mudam todos os dias reduzem a credibilidade.

O prospecto ficará com suspeitas "se a data limite continua a mudar, ele não está dizendo a verdade ... eu me pergunto sobre o que mais ele não está dizendo a verdade".

• Evite "exageros". Infundados que eu discuti na minha dica anterior. Disse o suficiente.

A Proposta Única de Valor

A PUV é muitas vezes um dos elementos frequentemente mais mal compreendidos numa boa carta de vendas.

É o que separa o seu produto ou serviço dos seus concorrentes. Vamos dar uma rápida olhada em algumas propostas de venda única para um produto;

1) Preço mais baixo - Se você tem o seu negócio na área dos preços baratos, ostente-o. O Wal-Mart fez este PUV famoso ultimamente, mas não é novo para eles.

Vender mais barato tem sido usado há tanto tempo quanto o capitalismo. Eu não gosto de guerras de preços, porque alguém pode aparecer e vender mais barato.

Então é hora de uma nova estratégia.

2) Qualidade Superior- Se ele supera o produto do seu concorrente ou é feito com materiais de alta qualidade, é uma boa aposta que você use este fato para ter vantagem.

Por exemplo, compare o seu produto com os seus concorrentes. Da embalagem superior para ingredientes saudáveis, a qualidade é evidente. Pode custar um pouco mais do que o seu concorrente, mas para o seu mercado, vende.

3) Atendimento - Se você oferecer um serviço superior em relação ao seu concorrente, as pessoas vão comprar a você. Isto é especialmente verdadeiro em certos mercados que estão muito relacionados com serviços: longa distância, provedores de Internet, televisão por cabo, etc

4) Direitos Exclusivos – O meu favorito! Se você puder legitimamente alegar que o seu produto é protegido por uma patente ou com direitos autorais, contrato de licenciamento, etc, então você tem um direito exclusivo como vencedor. Se

você tem uma patente, até mesmo o Presidente tem que comprar a você.

Ok, o seu produto ou serviço não é diferente do seu concorrente? Eu discordo, porque há sempre diferenças. O truque consiste em transformá-las numa vantagem positiva para você. Então o que podemos fazer em relação a este cenário?

Uma maneira é apresentar algo que sua empresa tem desenvolvido internamente que mais nenhuma outra empresa faz.

Olhe, há uma razão pela qual o computador da loja "A" oferece bater o preço dos seus concorrentes para o mesmo produto em X.

Se você olhar de perto, os dois pacotes nunca são exatamente os mesmos. A empresa "B" oferece um scanner grátis, enquanto a empresa "A" oferece uma impressora. Ou alguma outra diferença. Eles estão comparando maçãs com laranjas. Então, a não ser que você encontre uma empresa com o pacote exatamente o mesmo (você não vai .. eles estudaram isso), você não será capaz de ganhar a promoção.

Mas e se você realmente tem o mesmo aparelho para vender tal como o cara do outro lado da rua?

A menos que o seu prospecto conheça o funcionamento interno tanto do seu produto como do seu concorrente, incluindo o processo de fabricação, atendimento ao cliente, e tudo pelo meio, então você tem o potencial de ter licença para um pouco de criatividade. Mas você deve ser verdadeiro.

Por exemplo, se eu disser aos meus leitores que meu produto é banhado em vapor para garantir a pureza e limpeza (como as latas e garrafas na maioria dos processos de fabricação de cerveja), não importa que a cerveja de João em frente faça a mesma coisa.

O fato de que João não anunciar este facto o torna o seu produto único aos olhos do seu prospecto.

Quer mais exemplos de PUV?

• Somos a única oficina de carros que vai comprar o seu carro se você não estiver 100 por cento satisfeito com o nosso trabalho.

• Entregue em 30 minutos ou é por nossa conta!

• Nenhuma empresa de móveis vai pagar o seu transporte.

• A nossa receita é tão secreta, que apenas três pessoas no mundo a conhecem!

Tal como a maioria das formas de aumentar a resposta, a pesquisa é a chave com a sua PUV. Às vezes a sua PUV é óbvio, por exemplo, quando você tem uma patente. Outras vezes você deve fazer um pouco de trabalho de investigação para o descobrir (ou moldá-lo para o seu mercado-alvo).

É aqui que uma pequena persistência realmente compensa.

Deixe-me dar um exemplo para ilustrar o que quero dizer: Suponha que sua empresa vende puffs para crianças. Então você, sendo o comerciante sábio que você é, decide vender os puffs para os prospectos antes de escrever o seu texto de vendas.

Depois de ter feito umas vinte apresentações de vendas diferentes para o seu produto, você descobre que 75 por cento das pessoas com quem você falou perguntaram se os puffs acabariam por vazar.

Como os puffs são para crianças, é apenas lógico que os pais estejam preocupados com os seus jovens pulando neles, rolando sobre eles, e fazendo todas as coisas possíveis para

quebrar a costura e esvaziar o puff.

Então, quando você escrever o seu texto, você certifica-se de

abordar essa questão: "você pode ter certeza que os nossos

puffs super-fortes possuem uma tripla costura para o

desempenho à prova de vazamentos estar garantido.

Nenhuma outra empresa vai fazer esta garantia nos seus puffs!

O MECANISMO ÚNICO

Este é o ponto mais importante do seu marketing e, talvez, da sua vida. Se você o domina, as chances são que nunca mais precisará se preocupar com a concorrência.

Já parou para pensar em quantos produtos parecidos com o seu existem? Quantas pessoas com habilidades parecidas com as suas estão caminhando por aí?

Qual será o segredo, então, para que algumas poucas pessoas e produtos se destaquem? A resposta é: o mecanismo único.

Sim, é um mecanismo. Não é um ponto, não é uma frase, mas sim um esquema de funcionamento capaz de levar a solução para o outro, da forma mais simples, eficaz e diferente de que tudo o que já foi visto.

Para exemplificar, vamos olhar para algo bem comum... as frigideiras.

Mas o que é que frigideiras têm a ver com o meu negócio?

TUDO!

Você encontra frigideiras por R$40,00. No entanto, muitas pessoas já ficaram tentadas a adquirirem a frigideira da Polishop (se já não compraram)... aquela que custa mais de R$200,00 e você vê na TV. Se ainda não viu, recomendo que veja.

Ah, e não, ela não se destaca porque "passa na TV". Afinal, você ignora centenas de outros comerciais...

Esse é apenas um exemplo claro. Mas todos os grandes negócios que já vi até hoje têm um mecanismo único para seus produtos e serviços, mesmo que você não perceba tão nitidamente como a Polishop faz. Todas as pessoas que conseguem as melhores vagas em empresas, se vendem com um mecanismo único.

Por isso, se você quer se destacar para fugir da briga por preços e despertar o desejo dos outros, responda 3 perguntas:

- Por que meu produto/ serviço resolve o problema das pessoas?

- Como meu produto/ serviço leva as pessoas ao sucesso que ela enxerga?

- O que diferencia o meu produto/ serviço de tudo o que existe?

Acredite, funciona desde os mercados com pouca concorrência até aos mais disputados. Aliás, é totalmente ético, se você trabalhar somente com a verdade.

Eu mesma já criei dezenas de mecanismos para o setor de emagrecimento, por exemplo, que é hoje um setor extremamente concorrido além de muito delicado porque estamos falando de saúde.

A chave do mecanismo é SABER que você é ÚNICO (todos somos, por mais que alguns tentem dizer que somos substituíveis) e destacar seus pontos fortes.

HEADLINE

Se for fazer uma única modificação para aumentar a sua taxa de resposta, concentre-se no seu título (*você tem um, não é?*).

Por quê? Porque haverão cinco vezes mais pessoas a ler o título do que o seu texto. Muito simplesmente, um título ... é um anúncio para o seu anúncio.

As pessoas não vão parar suas ocupadas vidas para ler o seu texto, a menos que você lhes dê uma boa razão para fazê-lo.

Assim, um bom título promete algumas novidades e um benefício.

Talvez você esteja pensando: "Que história é essa das novidades?"

Pense na última vez que você "navegou" através do seu jornal local.

Você passou com os olhos pelos artigos, um por um, e, ocasionalmente, um anúncio pode ter agarrado a sua atenção. Quais foram os anúncios mais propensos a chamar sua atenção?

Os que pareciam um artigo, é claro.
Aqueles com um título que prometem novidades.

Aqueles com tipos de fontes que se assemelhavam muito aos tipos de fontes utilizados em artigos.

Os que foram colocados onde os artigos foram colocados (em vez de serem colocados numa página cheia de anúncios, por exemplo).

E aqueles com os títulos mais atraentes que o convencem de que valem a pena alguns minutos para ler o texto.

O título é por isso poderoso e importante.

Eu já vi muitos anúncios ao longo dos anos que não possuem sequer um título. E isso é bobagem. É o equivalente deixar para o lixo um bom dinheiro gasto em publicidade.

Por quê? Porque a sua resposta pode aumentar drasticamente, não pela adição de um título, mas fazendo esse título quase irresistível ao seu público-alvo.

E aquelas três últimas palavras são importantes. "Seu público alvo".

Por exemplo. Dê uma olhada no título seguinte:

Anunciando ... Novas Luvas De Tecnologia De Ponta que Protegem Contra Resíduos Perigosos.

Notícias, e um benefício

Será que o título apela a todos?

Não, e você não se importa com todos.

Mas para as pessoas que lidam com resíduos perigosos, irão com certeza gostar de saber sobre esta pequena jóia.

Este é o seu público-alvo, e é seu trabalho levá-los a ler o seu anúncio. O seu título é a maneira de fazer isso.

Ok, agora, onde você encontra grandes manchetes?

Você olha para outros anúncios bem sucedidos (especialmente de resposta direta), que têm resistido ao teste do tempo. Você olha para os anúncios usados regularmente em revistas e noutras publicações. Como é que você sabe que eles são bons?

Porque se eles não fizessem o seu trabalho, o anunciante não iria continuar a colocá-los uma e outra vez.

Você inscreve-se na lista das grandes empresas de resposta direta e guarda os emails.

Você lê revistas sobre celebridades?

As revistas sobre celebridades possuem algumas das melhores manchetes.

Pegue numa edição recente e você verá o que quero dizer. Ok, agora como você pode adaptar algumas dessas manchetes para o seu próprio serviço ou produto?

A aparência do seu título é também muito importante. Verifique se o tipo utilizado é negrito e de grande porte, e diferente do tipo usado no texto. Geralmente, os títulos mais longos tendem a ser melhores que os mais curtos, mesmo quando têm como alvo prospectos mais "conservadores".

Desta forma você usa títulos de sucesso de outras pessoas, mas adapta-os para o seu próprio produto ou serviço. Nunca copie palavra por palavra um título (ou qualquer outro pedaço escrito). As agências de copywriters e de publicidade são notoriamente famosas por processar plágios. E com todo o direito.

Quando Mais Você Disser,

Mais Você Vai Vender

O debate sobre usar textos longos versus textos curtos não parece ter fim.

Geralmente é um recém-chegado ao mundo do copywriting que parece pensar que os textos longos são chatos. Eles dizem "Eu nunca iria ler tantos textos ".

O fato é que sendo todas as coisas iguais, os textos longos irão superar sempre os textos curtos, e quando digo textos longos, não me refiro a textos longos e chatos, ou longos e não segmentados.

A pessoa que diz que nunca iria ler todo o texto está cometendo um grande erro em copywriting: ela está a seguir a sua reação instintiva em vez de confiar nos resultados dos testes. Ela está pensando que ele mesmo é o prospecto. E ela não é. Nós nunca somos os nossos próprios prospectos.

Houve muitos estudos e testes sobre textos longos versus textos curtos. E o vencedor é sempre o texto longo. Mas estou a falar de texto longo relevante ao invés de texto chato longo e sem ser segmentado.

Algumas pesquisas significativas descobriram que as leituras tendem a cair drasticamente a partir das 300 palavras, mas não cai novamente até cerca das 3.000 palavras.

Se eu estou vendendo um jogo caro de tacos de golfe e enviar o meu texto longo para uma pessoa que joga golfe ocasionalmente ou sempre quis experimentar o golfe, eu estou a enviar o meu discurso de vendas para o prospecto errado.

Não é um alvo eficaz. E assim, se uma pessoa que recebe o meu texto longo não ler a partir das 300 palavras, eles não estão qualificados para a minha oferta.

Não teria qualquer importância se lerem até à palavra 100 ou 10.000. Eles não fariam a compra de qualquer das formas.

No entanto, se eu enviar o meu texto a um jogador de golfe ávido, que recentemente comprou outros produtos de golfe caros através do correio, a pintando uma oferta irresistível, dizendo-lhe como o seu jogo vai melhorar em 10 tacadas, ele provavelmente vai ler cada palavra. E se eu tiver segmentado a minha mensagem corretamente, ele vai comprar.

Lembre-se, se o seu prospecto está a 3000 quilômetros de distância, não é fácil para ele fazer uma pergunta. Se você quiser ser bem sucedido, você deve se antecipar e responder a todas as suas perguntas e superar todas as objeções no seu texto.

E certifique-se de não jogar tudo que você pode pensar no texto. Você só precisa incluir tanta informação quanto você precisa para fazer a venda ... e nem mais uma palavra.

Se é preciso 10 páginas de texto, que assim seja. Se é preciso um megalog de 16 páginas, tudo bem. Mas, se nos testes 10 páginas vendem melhor do que o megalog de 16 páginas, então, use o vencedor.

Isso significa que cada prospecto deve ler cada palavra do seu texto antes que ele encomende o seu produto? Claro que não. Alguns vão ler cada palavra e depois voltar a reler novamente. Alguns vão ler o título e continuam, saltando grande parte do corpo e aterram no fim. Alguns irão escanear o corpo inteiro, e então voltar e lê-lo. Todos esses prospectos podem acabar por comprar a oferta, mas podem ter todos os estilos diferentes de leitura.

E que nos leva à próxima dica.

Escreva De Forma Escaneável

Eu simplesmente adoro formatos escaneáveis, veja o exemplo abaixo:

De repente

Se eu te contar um história

Nesse formato

Sem informações precisas

Mas com uma alta carga emocional...

Talvez você se comova

Porque a história é tão vaga

Que poderia ter acontecido com você!

Mas isso

Mão passa

De um texto

Feito para manipular suas emoções

Dizendo muito

Sem dizer nada.

O seu layout é muito importante num texto de vendas, isto porque você quer que o seu texto tenha um olhar convidativo, refrescante para os olhos. Em resumo, você quer que o seu prospecto pare o que está fazendo e leia o seu texto.

Se ele vê um texto com margens pequenas, sem recortes, sem quebras no texto, sem espaço em branco, e sem subtítulos ...

Se ele vê uma página, com palavras agrupadas densamente, você acha que ele vai ficar tentado a lê-lo?

Se você tiver espaço em branco com margens amplas e generosas, frases curtas, parágrafos curtos, subtítulos, e uma palavra em itálico ou sublinhada aqui e ali para dar ênfase, ele certamente vai ficar interessado em ler.

Ao ler o seu texto, alguns prospectos vão começar no início e ler palavra por palavra. Alguns vão ler o título e, talvez, o subtítulo, em seguida, ler o "PS" no final do texto e ver de quem é o texto e, em seguida, começar do início.

Algumas pessoas vão varrer o texto, observando os vários subtítulos estrategicamente posicionados por você em todo seu texto, em seguida, decidir se vale a pena o seu tempo para ler a coisa toda. Alguns podem nunca ler o texto todo, mas comprar de qualquer das formas.

Você deve escrever para todos eles. Texto longo, interessante e atraente para o leitor que gosta dos pormenores, e parágrafos e frases curtas, espaço em branco, e subtítulos para os saltadores.

Subtítulos são os títulos menores espalhados pelo texto.

Quando você está no processo da criação de um título, alguns dos títulos que não são bons o suficiente serão bons como subtítulos. Um subtítulo força o seu prospecto a manter a leitura, cativando-o desde o início até ao fim de todo o seu texto.

A Estrutura que pode salvá-lo do bloqueio criativo

Há uma estrutura bem conhecida nas páginas de vendas com sucesso, descrita pelo acrônimo AIDA.

AIDA representa:

• Atenção

• Interesse

• Desejo

• Ação

Primeiro, você captura a atenção do seu prospeto. Isto é feito com o seu título. Se o anúncio não consegue captar a atenção do seu prospeto, ele falha completamente. O seu prospecto não lê o seu texto estrela, e não encomenda o seu produto ou serviço.

Depois você constrói um forte interesse no seu prospecto. Você quer que ele continue lendo, porque se ele continuar a ler, ele pode comprar.

A seguir, você canaliza um desejo. Ter um público-alvo para isto é chave porque você não está tentando criar um desejo em alguém que não o tem. Você quer capitalizar num desejo já existente, que o seu prospecto pode ou não pode saber que ele já tem. E você quer que o seu prospecto deseje a experiência que o seu produto ou serviço oferece.

Finalmente, você apresenta uma chamada à ação. Você quer que ele pegue o telefone, devolva a carta de resposta, assista à apresentação de vendas, encomende o seu produto, ou seja o que for.

Você precisa pedir a venda (ou uma resposta, se esse é o objetivo). Você não vai querer rodeios nessa altura. Se a sua carta e a estrutura AIDA for sólida e convincente, é aqui onde você apresenta os termos da sua oferta e deseja que o prospecto aja agora.

Muito tem sido escrito sobre o copywriting da fórmula AIDA. E eu gostaria de acrescentar mais uma letra na sigla: S para Satisfazer

No final, após a venda ser realizada, você quer satisfazer o seu prospecto, que agora é um cliente.

Você tem que entregar exatamente o que você prometeu (ou até mais), nos prazos que você prometeu, da maneira que você prometeu.

Em resumo, você quer dar-lhe todas as razões do mundo para confiar em você da próxima vez que você lhe oferecer uma nova oferta.

E é claro que você deseja que ele não lhe devolva o produto (embora se ele o fizer, você deve executar a sua política de retorno, tal como prometido).

De qualquer maneira, você quer que os seus clientes estejam satisfeitos. Eles vão fazer com que você ganhe muito mais dinheiro a longo prazo.

Aprenda como Aumentar uma Urgência

Quando você limita a oferta de um produto ou serviço, de alguma forma (ou seja, venda limitada), a economia básica dita que a procura vai aumentar.

Em outras palavras, as pessoas geralmente respondem melhor a uma oferta se eles acreditarem que a oferta está prestes a tornar-se indisponível ou ficar restrita, de alguma forma.

E, claro, o oposto também é verdadeiro. Se um prospecto souber que o produto estará disponível sempre que ele precisar, não há necessidade de que agir agora.

E quando o seu anúncio é colocado de lado pelo seu prospecto, as hipóteses de fechar a venda diminui muito.

Assim, o seu trabalho é, para fazer com que os seus clientes comprem, e comprem agora. Usar a escassez de vender é uma ótima maneira de conseguir isso.

Existem basicamente três tipos de limitações:

1 - Limitar a quantidade

2 - Limitar o tempo

3 - Limitar a oferta

No primeiro método, limitando a quantidade, você está apresentando um número fixo de produtos disponíveis para venda. Quando eles se forem, termina.

Algumas boas formas de limitar a quantidade incluem:

• Apenas ter uma quantidade de unidades feitas

• A venda de estoque velho para dar espaço a novos

• Número limitado de itens com defeito estético

• Apenas um número de produtos serão vendidos para não saturar o mercado.

• Etc.

No segundo método, limitando o tempo, o prazo é adicionado à oferta. Deve ser um prazo realista, não um que muda o tempo todo (principalmente num site, onde a data limite parece estar perto da meia-noite ... quando você voltar no dia seguinte, a data limite foi alterada misteriosamente para esse dia). Prazos que mudam fazem diminuir a sua credibilidade.

Essa abordagem funciona bem quando a oferta, ou o preço vai mudar, ou o produto / serviço se tornarão indisponíveis, após a data de término.

O terceiro método, limitando a oferta, é realizado através da limitação de outras partes da oferta, tais como a garantia, bônus ou prêmios, os preços e assim por diante.

Ao usar a venda limitada, você deve ter certeza de cumprir com as restrições. Se você diz que só tem 500 itens para vender, então não venda 501. Se você disser que a sua oferta irá expirar no final do mês, certifique-se que isso aconteça.

Caso contrário, a sua credibilidade vai baixar. Os prospectos irão se lembrar da próxima vez que você lançar outra oferta nas suas mãos.

Outra coisa importante que você deve fazer é explicar a razão pela qual a oferta está sendo restringida. Não basta dizer que o preço irá subir em três semanas, mas explicar o porquê ele irá subir.

Aqui estão alguns exemplos nos de vendas limitadas:

"Infelizmente, só posso lidar com um número limitado de clientes. Uma vez que meu tempo esteja cheio, serei incapaz de aceitar qualquer outro negócio.

Então, se você é sério sobre o reforço das suas estratégias de investimento e criar mais riqueza do que nunca, você deve entrar em contato comigo o mais rápido possível. "

"Lembre-se: você deve agir até [data] à meia-noite, a fim de obter os meus 2 bônus.

Estes bônus foram oferecidos pela [empresa de terceiros], e nós não temos controle sobre a sua disponibilidade após este período. "

Nós temos apenas 750 destes itens do nosso fornecedor. Uma vez que eles se esgotem, não seremos capazes de obter mais até ao próximo ano.

E mesmo assim não podemos garantir que o preço permanecerá o mesmo. Na verdade, por causa da crescente demanda, é muito provável que o preço dobre ou triplique até a

essa altura! "

Lembra-se do que eu disse anteriormente, as pessoas

compram com base em emoções, e depois fazem a sua

decisão de compra com a lógica. Bem, usando a venda

limitada, a restrição torna-se parte da lógica de comprar e

comprar agora.

Quer você perceba ou não, agora você sabe mais sobre como

criar publicidade eficaz do que a maioria de seus concorrentes.

Quer provar isso?

Pergunte a eles sobre qualquer uma das ideias que discutimos.

Em resposta, você provavelmente receberá respostas erradas

e olhares vazios.

Isso porque a maioria de seus concorrentes está muito

ocupado administrando seus negócios para parar e

aprender como torná-los mais bem-sucedidos. Eu o parabenizo por fazê-lo . Na verdade, as dicas, truques, técnicas e princípios pouco conhecidos que compartilhei com você aqui são os mesmos que um consultor de marketing ou agência de publicidade usaria se você os contratasse por muito dinheiro. Não há razão para que você não possa usá-los e colher os melhores frutos.

Conclusão

Bom copywriting é feito, não nasce.

É derivado de resultados de testes comprovados projetados para fazer uma coisa e fazê-lo bem: Vender.

A publicidade eficaz nem sempre é "gramaticalmente correta".

Ela usa frases curtas e fragmentos.

Convence-o a comprar, e a comprar agora. Ponto final.

Fale sobre benefícios, não características. Venda no anúncio a emoção e reforça a decisão de comprar com lógica.

Pinte um retrato convincente e tenha uma oferta irresistível que obriga o seu prospecto a agir e a agir agora! E se isso não acontecer, então você não tem qualquer interesse no anúncio.

A persuasão eficaz é como o seu vendedor top que continua a quebrar os recordes de todas as suas vendas do ano, multiplicada por milhares ou milhões!

Imagine se esse vendedor, o único com resultados comprovados, poderia ser multiplicado tantas vezes como você gostaria.

Isso é marketing eficaz!

Esse é o tipo de marketing provado que você precisa usar.

Desejo a você ótimos resultados daqui em diante.